ANIMALERO

ANIMALERO
¡Cua, cua!, hace el pato y ¡miau!, el gato
Valentín Rincón y Cuca Serratos

Primera edición: Producciones Sin Sentido Común, 2016

D.R. © 2016, Producciones Sin Sentido Común, S.A. de C.V.
Avenida Revolución 1181, piso 7,
Colonia Merced Gómez,
03930, Ciudad de México

Textos © Valentín Rincón y Cuca Serratos
Ilustraciones © Alejandro Magallanes

Con la colaboración en las ilustraciones del Taller de Alejandro Magallanes:
Citlali del Río, Abraham Bonilla y Bruno Valasse.

ISBN: 978-607-8469-19-2

Impreso en México

ANIMALERO

¡CUA, CUA!, HACE EL PATO

y ¡MIAU!, EL GATO

TEXTOS Valentín Rincón y Cuca Serratos

ILUSTRACIONES Alejandro Magallanes

NOS
TRA
EDICIONES

índice

Introducción

Te queremos contar cómo se llaman los sonidos que hacen los animales, que son como sus voces.

Tú sabes que un perro **ladra**, un gato **maúlla** y un pollito **pía**; pero… ¿sabías que un elefante **barrita** y un guajolote **gluglutea**? De estas palabras, quizá nuevas para ti, te queremos hablar.

¿Y cómo se llama el hijo pequeño de la vaca y el toro…? Pues **becerro**; ¿y el de la gallina y el gallo…? **Pollito**.

Pero… ¿sabías que a la cría del oso se le llama **osezno**?

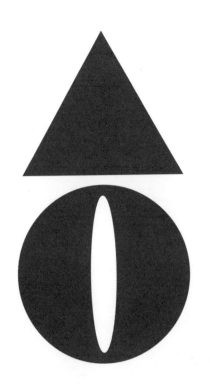

En el libro que tienes
ahora en tus manos
encontrarás pequeños
relatos, fábulas, poemas
y algunas cosas curiosas
siempre relacionadas
con esos maravillosos
seres vivos que pueblan
nuestro mundo:

los animales.

Además, te contaremos muchas cosas sobre ellos, y para esto empezaremos con una fábula... Pero antes, te diremos qué es una fábula y quién la creó.

Esopo

8

Las fábulas son pequeños y sencillos relatos en donde los animales hablan. Excepcionalmente, en ellas pueden actuar también seres humanos y hasta objetos inanimados.

Sin embargo, en las fábulas los protagonistas casi siempre son animales personificados y, por esta razón, viven los problemas propios de los humanos.

El narrador aprovecha las características distintivas de cada animal para relatarnos anécdotas que nos muestran los defectos naturales de los humanos y nos brindan una enseñanza.

Estas pequeñas narraciones tienen una finalidad didáctica, la cual se expresa claramente en la moraleja final.

La fábula

Desde hace varios siglos se cuentan fábulas. Imagínate: Esopo, quien fue el primero que las contó, vivió en el siglo VI antes de Cristo.

Ya que hablamos de Esopo, te diremos algo más acerca de él: fue un escritor griego y esclavo de un filósofo llamado Janto de Samos, con quien viajó mucho. Finalmente este filósofo le concedió la libertad.

Las fábulas de Esopo, según relató Herodoto y atestiguaron más tarde Platón y Aristófanes, fueron muy populares en la Grecia clásica.

Véase la nota acerca de la muerte de Esopo al final del libro (pág. 130).

La zorra y el cuervo

Fábula de Esopo

Un cuervo que había robado un buen pedazo de queso y lo llevaba en el pico se paró en la rama de un árbol. Al verlo, una zorra pensó en quitárselo. Empezó entonces a adularlo con exageradas alabanzas: "Puedo asegurar, preciosa ave, que no hay entre todos los animales que vuelan quien te iguale, así en el brillo de tus plumas como en tu elegancia y distinción. Si es tan sonora y bien timbrada tu voz como eres hermosa, no hay entre las aves quien te aventaje".

El cuervo, mareado por aquella vana alabanza, quiso mostrar a la zorra lo armonioso de su voz y comenzó a graznar. Al abrir el pico se le cayó el queso. La zorra ágilmente se apoderó de éste y se alejó burlándose del cuervo.

Esta fábula enseña que no conviene escuchar, ni menos aún creer, las falsas alabanzas. Quien adula, casi con seguridad lo hace para lograr un beneficio.

GRAAAAC GRAAAC

☛ **¿Sabes cómo se llama la VOZ que emite el cuervo?**

Como se menciona en la fábula, se llama **graznido.**

Al final de este libro podrás encontrar una lista de los sonidos que hacen los animales (véase pág. 94).

Ahora un chiste, ¡ja, ja!

La vaquita de Martín

m

(fragmento)
Valentín Rincón

Mu, mu, mu,
tin, tin, tin,
la vaquita de Martín,

u

u

con su mu, mu, mu,
con su tin, tin, tin,
la vaquita de Martín.

Si una vaca o un toro hacen
¡muuuu!,
decimos que están **mugiendo**.

13

El tecolote

Canción popular

Tecolote de guadaña,
pájaro madrugador,
quien tuviera tus alitas
para ir a ver a mi amor.

Ticuricú-ricú-ricú,
ticuricú-ricú-ricú,
quien tuviera tus alitas
para ir a ver a mi amor.

Si yo fuera tecolote,
no me cansaría en volar:
me estaría en mi nidito
acabándome de criar.

Ticuricú-ricú-ricú,
ticuricú-ricú-ricú,
me estaría en mi nidito
acabándome de criar.

—Tecolote, ¿qué haces ahi
parado en esa pared?
—Esperando a mi tecolota,
que me traiga de comer.

Ticuricú-ricú-ricú,
ticuricú-ricú-ricú,
—Esperando a mi tecolota,
que me traiga de comer.

Para la autora de los versos que siguen, los puerquitos son alcancías y sus colas, sacacorchos; pero lo dice en sentido figurado.

Los puerquitos
(fragmento)
Gilda Rincón

Los puerquitos
son rosados,
sacacorchos
son sus rabos.

Gruñe y gruñe
a toda hora,
alcancías
gruñidoras.

Qué gorditos,
qué rosados,
jamoncillos
almendrados.

¡Oinc, oinc!
(Tres palmadas)
¡Oinc, oinc!
(Tres palmadas)

15

¿Qué te parece ahora un acertijo?

¿Qué le dijo un perro tartamudo a una perra?

—¡Gua, gua, guapa!

Algo sobre las ono- mato- peyas

Hay palabras que se forman imitando un sonido; se llaman *onomatopeyas*.

Por ejemplo, para expresar el sonido de tocar en una puerta se usa:

¡toc, toc!

Para significar el toser decimos:

cof, cof,

y para indicar que algo de vidrio se rompe podemos decir:

¡crac!

Seguramente has visto estas expresiones en las historietas.

También se usan las onomatopeyas para nombrar el sonido que hacen los animales.

bzzzzzzzzzz
bzzzzzzzzzz
bzzzzzzzzzz
bzzzzzzzzzz
bzzzzzzzzzz

Pío, pío

AUUUUUU

muuuuuuuuuuuu

GRRRRRRRR

kikirikí

18

Onomatopeyas en diferentes idiomas

Curiosamente las

onomatopeyas

que son empleadas para describir el sonido emitido por los animales **varían de un idioma a otro**. Enseguida te mostramos algunos ejemplos.

Burro

hee-haw
inglés

aah-iaah
alemán

hiham
francés

ih-oh
español

19

muu
español

Vaca

meuh
francés

moo
inglés

muh
alemán

Gallo

kikirikí
español

coco rico
francés

kikeriki
alemán

cock-a-doodle-doo
inglés

20

croak / ribbit
inglés

Rana

croac
español

quaak
alemán

coa
francés

oinc
español

oink
inglés

grunz
alemán

cerdo

oin
francés

21

arf/woof
inglés

Perro

ouaf
francés

miau
español

miaou
francés

guau
español

miau
alemán

meow
inglés

Gato

cua
cuac
español

Guajolote

wau/wow
alemán

gobble
gobble
inglés

Pato

quack
inglés

glou
glou
francés

coin
francés

quak
alemán

gordo
gordo
gordo
español

Oveja

be/bee
español

baa
inglés

bê
francés

mäh
alemán

Los pollitos dicen

Canción popular

Los pollitos dicen
pío, pío, pío,
cuando tienen hambre,
cuando tienen frío.

La gallina busca
el maíz y el trigo,
les da la comida
y les presta abrigo.

Bajo sus dos alas,
acurrucaditos,
hasta el otro día
duermen los pollitos.

25

Un refrán
El que con lobos anda
a aullar se enseña.

Los hombres lobo

La leyenda de los hombres lobo está presente en las culturas de casi todo el mundo desde hace muchísimos años; nadie sabe desde cuándo. Se dice que el hombre lobo es un ser humano que en las noches de luna llena adquiere características de un lobo.

Pero tú, amigo, recuerda que esta criatura no existe ni nunca ha existido. Es sólo un mito, es decir, sólo es fantasía.

De todas maneras, es interesante imaginarse a un hombre al que por la noche le salen colmillos, cola, orejas picudas y empieza a aullar.

Los que sí existen son los lobos y son animales muy bellos. Es triste saber que algunas especies de ellos, como el lobo mexicano, están en peligro de extinción.

Ahora, dos canciones. Si no sabes la música, puede ser divertido que trates de imaginártela. Para esto, lee cada una varias veces y poco a poco dales una tonada.

Chana, la rana
Valentín Rincón

Chana, la rana,
Chana, la rana
hace su ejercicio de brincar,
¡plis, plas!

Chana, la rana,
Chana, la rana
brinca por las piedras del juncar.

Es una rana muy deportista,
es nadadora y clavadista
y practica también
y lo hace muy bien
el salto de longitud.

Chana, la rana,
Chana, la rana
por las noches canta en el manglar,
¡croa, croa!

Chana, la rana,
Chana, la rana
gusta de su canto regalar.

Es una rana muy soñadora,
es clavadista y nadadora,
le deleita bucear
y así contemplar
paisajes de agua y luz.

El torito
Canción popular

El torito de la barranca
se viene conmigo a jugar.

Ya se cayó mi torito
ahí juntito al matorral
y se rompió toditita
la cabeza de animal.

29

Tú sabes que la liebre es un animal muy veloz y la tortuga, uno muy lento, pero…

30

La liebre y la tortuga

Fábula de Esopo

En cierta ocasión la liebre se burlaba de la tortuga:
—¡Con razón eres tan lenta… con esas patas tan cortas y gruesas! —le dijo.
La tortuga se sintió herida en su amor propio y retó a la burlona liebre a una carrera. La liebre aceptó, burlándose aún más. Nombraron como juez a la zorra, quien eligió el lugar y las metas para la carrera. Al comenzar la competencia, como era de esperarse, la liebre le sacó mucha ventaja a la tortuga y, haciendo alarde de su superioridad y con un exceso de confianza en sí misma, optó por descansar un rato. Ocurrió entonces que se quedó dormida

y, cuando despertó, la tortuga estaba a pocos centímetros de la meta. La liebre, por más que se esforzó, fue derrotada.

Esta fábula nos enseña que muchas veces se consiguen mejor nuestros propósitos con perseverancia que con rapidez y fuerza física. También nos revela que, a veces, perdemos por un exceso de confianza.

Con la idea expresada en la fábula anterior existen refranes en varios idiomas.

Por ejemplo, en italiano:

Chi va piano va lontano,

(Quien va despacio llega lejos.)

o en inglés:

You snooze, you lose.

(Te duermes, pierdes.)

Hay cualidades de ciertos animales que llaman mucho nuestra atención. Por ejemplo, como en la fábula anterior, las tortugas son conocidas por su lentitud y por eso decimos: "Fulanito parece tortuga" cuando se trata de alguien lento. La lentitud de las tortugas se volvió como un símbolo. O si queremos mostrar que alguien es tonto, decimos: "Es muy burro". Hace años, a un alumno desaplicado lo pasaban al frente de la clase y lo exhibían con orejas de burro. ¡Qué crueldad!, ¿verdad?

Características sobresalientes de algunos animales

¿Qué otras cualidades se les atribuyen a los animales o llaman nuestra atención de ellos?

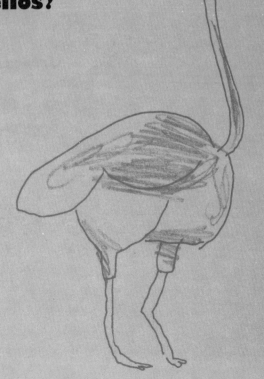

Avestruz. Es el ave más pesada del reino de las aves, por tal razón es lento al caminar. Se ha afirmado que oculta la cabeza porque cree que al no ver a su enemigo, éste no lo verá a él. Por este mito, a una persona que no enfrenta un problema se le dice que esconde la cabeza como el avestruz. Lo cierto es que los avestruces, cuando se sienten en peligro, bajan la cabeza a ras de suelo para intentar ser confundidos con un arbusto o, cuando menos, cambiar su apariencia. De este modo confunden a sus depredadores, los cuales no pueden distinguir desde la distancia la verdadera forma de su eventual presa.

Ratón.
A los ratones
les encanta el
queso.

Tortuga. Es de notar la lentitud de
la tortuga cuando camina en la arena.
Por eso a una persona que es lenta se
le dice: "Pareces tortuga". Sin embargo,
en el agua las tortugas se desplazan
con rapidez.

Urraca. Se dice que
es ladrona, es decir, se
lleva a su nido pequeñas
cosas que le gustan de
las casas cercanas a
donde habita.

Liebre.
Es muy veloz.

Gioachino Rossini, el célebre
compositor italiano, compuso una ópera
con el nombre de *La urraca ladrona*, cuya
parte más conocida es la obertura.

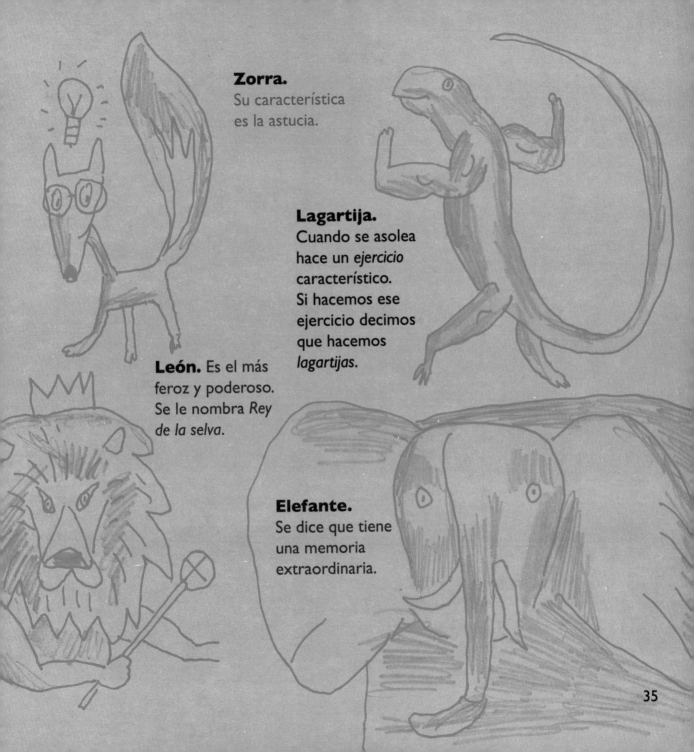

Zorra.
Su característica
es la astucia.

Lagartija.
Cuando se asolea
hace un *ejercicio*
característico.
Si hacemos ese
ejercicio decimos
que hacemos
lagartijas.

León. Es el más
feroz y poderoso.
Se le nombra *Rey
de la selva.*

Elefante.
Se dice que tiene
una memoria
extraordinaria.

35

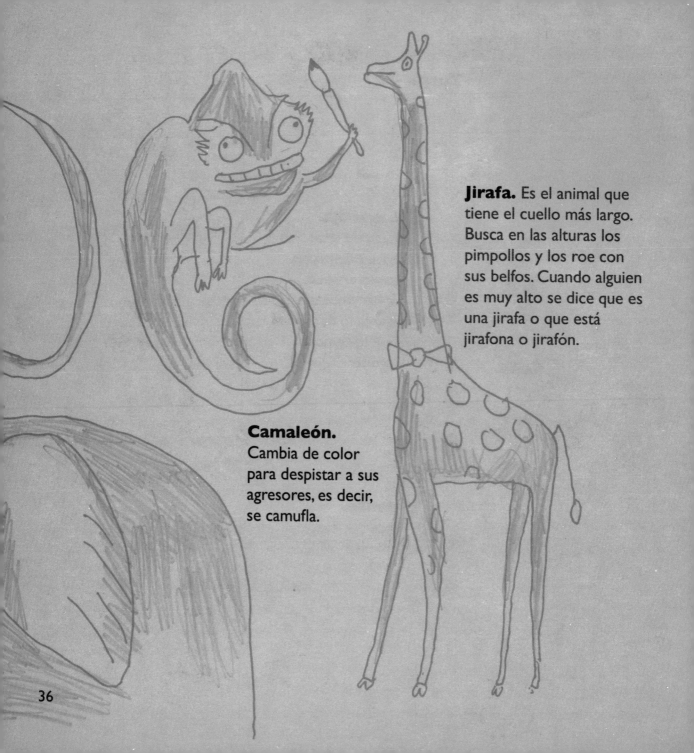

Jirafa. Es el animal que tiene el cuello más largo. Busca en las alturas los pimpollos y los roe con sus belfos. Cuando alguien es muy alto se dice que es una jirafa o que está jirafona o jirafón.

Camaleón. Cambia de color para despistar a sus agresores, es decir, se camufla.

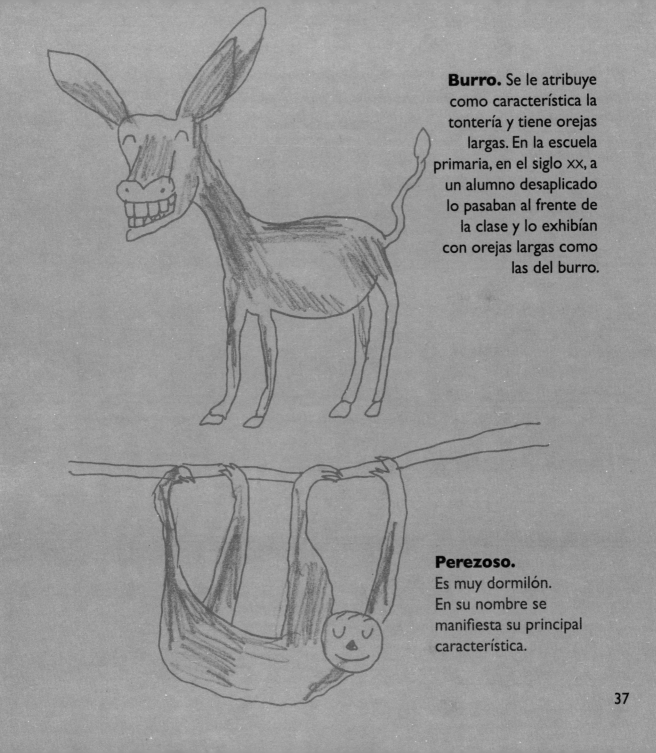

Burro. Se le atribuye como característica la tontería y tiene orejas largas. En la escuela primaria, en el siglo XX, a un alumno desaplicado lo pasaban al frente de la clase y lo exhibían con orejas largas como las del burro.

Perezoso. Es muy dormilón. En su nombre se manifiesta su principal característica.

El siguiente relato nos habla de un burrito que por casualidad tocó una flauta y entonces alardeó de ser un gran músico. Es una fábula y está en verso.

El burro flautista
Fábula de Tomás de Iriarte

Esta fabulilla,
salga bien o mal,
me ha ocurrido ahora
por casualidad.

Cerca de unos prados
que hay en mi lugar,
pasaba un borrico
por casualidad.

Una flauta en ellos
halló, que un zagal
se dejó olvidada
por casualidad.

Acercose a olerla
el dicho animal,
y dio un resoplido
por casualidad.

En la flauta el aire
se hubo de colar,
y sonó la flauta
por casualidad.

"¡Oh!", dijo el borrico,
"¡qué bien sé tocar!
¡y dirán que es mala
la música asnal!"

Sin reglas del arte,
borriquitos hay
que una vez aciertan
por casualidad.

Tomás de Iriarte
(1750-1791)
Poeta español de
la Ilustración y el
Neoclasicismo.
Junto con Félix
María de Samaniego,
fue uno de los
fabulistas más
importantes del
siglo XVIII.

De esta fábula se desprende el conocido dicho que se le aplica a alguien que atina en algo sólo por casualidad: "…como el burro que tocó la flauta".

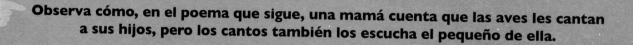

Observa cómo, en el poema que sigue, una mamá cuenta que las aves les cantan a sus hijos, pero los cantos también los escucha el pequeño de ella.

Arrullos
Gilda Rincón

A sus hijos canta
la mamá cenzontle,
y al mío también
arriba en el monte.

Cantan las alondras
orillas del nido
al polluelo suyo
y también al mío.

Arrulla la tórtola
bajo del alero
sus polluelos grises
y el mío moreno.

Le pía el gorrión
a sus gorrioncillos
de ojitos tan negros
como los del mío,

y baja el silencio
sobre de los nidos
y sobre la cuna
de mi amor dormido.

A los niños también les llamamos infantes, chiquillos, chavales, criaturas, escuincles, chamacos, nenes, chicos, bebés, mocosos y de otras varias maneras. Pero a las crías de los animales ¿cómo se les llama? A continuación te decimos algunos nombres.

Los animales y sus crías

Águila
Aguilucho

Borrego, carnero, oveja
Cordero

Burro, asno
Pollino
(burro joven)

Dibujos de Citlali del Río.

Ballena
Ballenato

Gallo/Gallina
Pollo
Pollito

Caballo/Yegua
Potro
Potranca
Potrillo

43

Lobo
Lobezno
Lobato

Pájaro
Polluelo

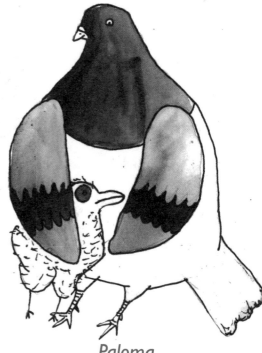

Paloma
Pichón

44

Perdiz
Perdigón

Rana
Renacuajo

Oso
Osezno

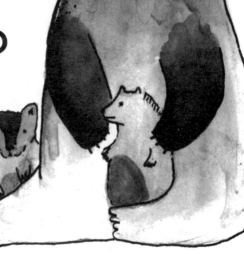

Dibujos de Citlali del Río.

Puerco, cerdo, cochino, marrano

Lechón
(que aún mama)
Puerquito
Cerdito
Cochito

Toro/Vaca

Ternero
Becerro
Novillo

Mula

No tiene cría
(pero una mula pequeña
es una mulita o un muleto)

Dibujos de Citlali del Río.

La canción que sigue es un arrullo y nos dice que los osos pasan el invierno en una cueva, que es su casa.

Oso peludo

Valentín Rincón

Oso peludo ya tiene sueño,
oso grandote es su papá,
osa mediana cuida al pequeño,
osa mediana es la mamá.

Los osos tienen su tibia casa
en donde pasan todo el invierno
ronca que ronca y así descansan,
osos grandotes y oso pequeño.

Osos peludos ya tienen sueño,
se acerca el tiempo de dormir,
mañana empieza el frío invierno,
buscan su cueva cerca de ahí.

Duerme osito, duerme tranquilo
y cuando el sol funda la nieve
y el duro invierno ya se haya ido,
sal de tu cueva, juega en el césped.

Dormir, dormir,
dormir calientito,
como osote, osa y osito.

Dormir, dormir,
dormir calientito,
como osote, osa y osito.

¿Y cómo se llaman las casas de otros animales?

mmmh...

Algunas casas de animales

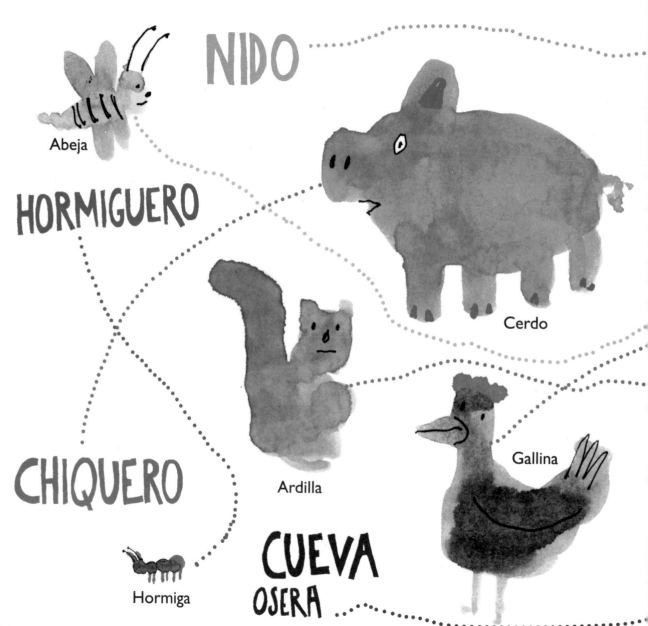

NIDO

Abeja

HORMIGUERO

Cerdo

CHIQUERO

Ardilla

Gallina

Hormiga

CUEVA
OSERA

GALLINERO

PANAL
COLMENA

Ave

NIDO

Oso

51

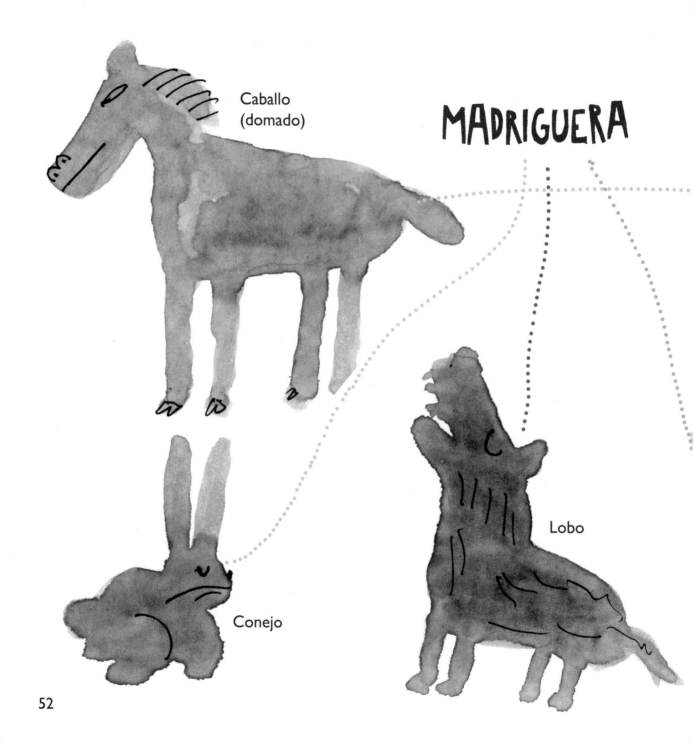

Caballo
(domado)

MADRIGUERA

Lobo

Conejo

52

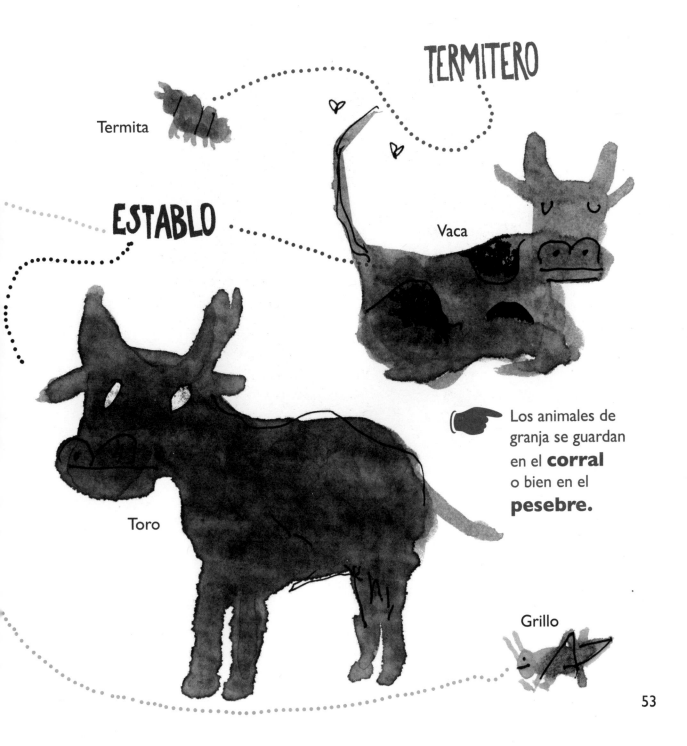

TERMITERO

Termita

ESTABLO

Vaca

Toro

Los animales de granja se guardan en el **corral** o bien en el **pesebre.**

Grillo

53

54

Es el momento de contarte otra fábula.

El león y el ratón

Fábula de Esopo

Un león descansaba durmiendo bajo la fronda de un árbol, mientras un grupo de ratones jugaba cerca de él. En una de ésas, el ratoncito más inquieto fue a parar justo encima del cuerpo del león, quien despertó y lo atrapó. El león, furioso, estaba a punto de devorar al infortunado ratón, cuando éste, lleno de pavor, le suplicó:

—¡No me comas, perdona que te haya despertado, no era mi intención! ¡Déjame ir y te prometo que algún día te he de beneficiar o ayudar en algo!

—¡No me hagas reír! —rugió el león—, ¿un animal tan pequeño va a ayudar a alguien tan poderoso como yo?

—¡Te lo suplico! ¡No me comas!

El león observó al ratón y lo vio tan insignificante que no lo creyó digno objeto de su venganza y, sin más, lo dejó ir.

Tiempo después el león cayó en una trampa puesta por un cazador, y que consistía en una fuerte red que lo aprisionó.

La fiera, por más esfuerzos que hacía, no lograba escapar y lanzaba atronadores rugidos, mismos que fueron escuchados por el ratoncito, quien acudió prontamente al lugar.

—Señor, anímate y no temas, que pronto te liberaré —dijo, y con sus dientes filosos royó la red hasta romperla.

De esta forma liberó al *rey de la selva* y correspondió el favor recibido tiempo atrás.

No debemos menospreciar la ayuda que podemos recibir de los débiles. En ocasiones ésta es necesaria.

¿Cómo le llamarías a un grupo de aves?

Parvada

¿Y a un grupo de vacas?

Vacada

¿Y a un grupo de lobos?

Manada

¿Y a un grupo de chuchos?

Chuchada

Ani-males y sus grupos o conjuntos

(animales en bola)

Abejas
Enjambre

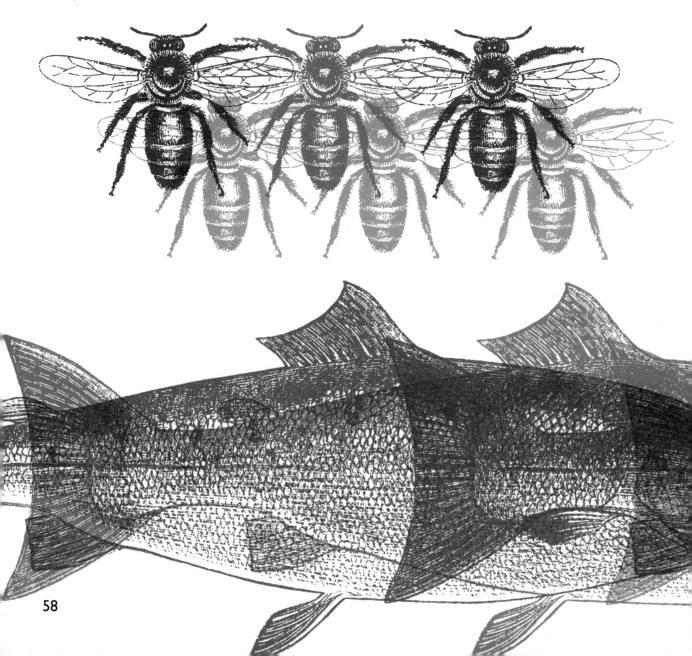

Ovejas
Rebaño

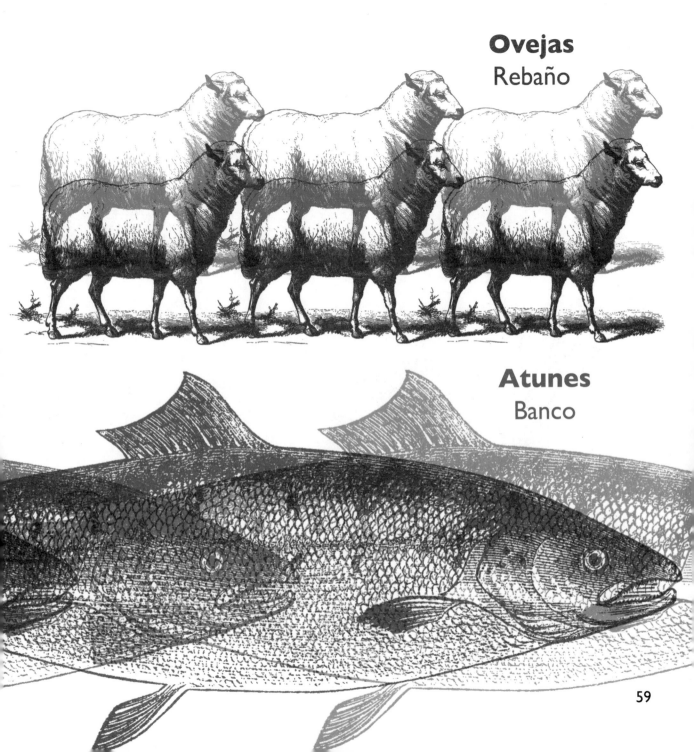

Atunes
Banco

Chivas
Chival

Conejos
Camada
(nacidos del
mismo parto)

Elefantes
Manada

Mulas
Mulada
Recua

Caballos
Recua
Yeguada
Reata
(amarrados)

63

Pelícanos
Colonia

Cabras
Rebaño

64

Codornices
Colonia

Lobos
Manada
Jauría

Pájaros
Parvada
Bandada
(volando)

Borregos, carneros
Rebaño

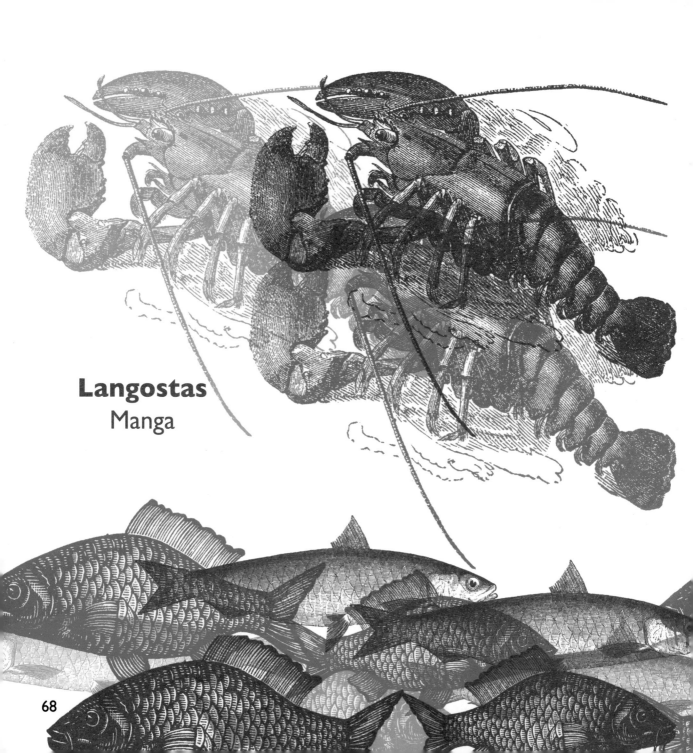

Langostas
Manga

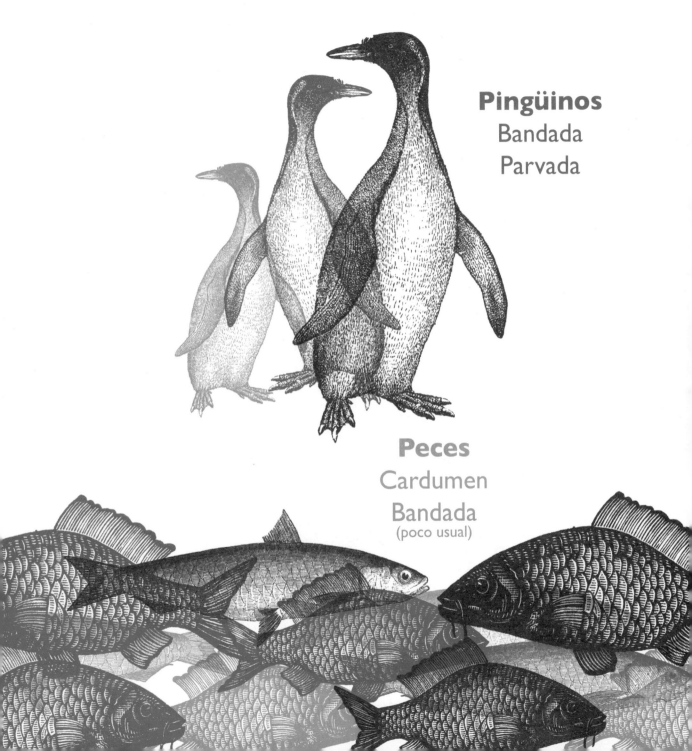

Pingüinos
Bandada
Parvada

Peces
Cardumen
Bandada
(poco usual)

Toros, vacas
Manada
Torada
Vacada

Puercos, cerdos
Piara

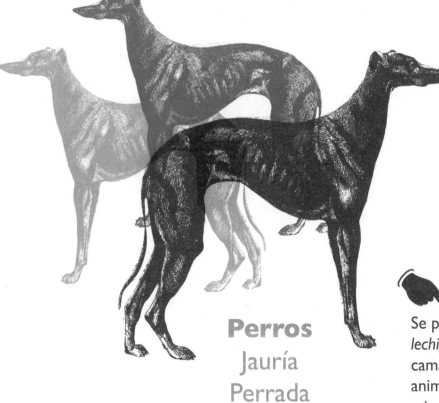

Perros
Jauría
Perrada
Canalla

Se puede usar la palabra *lechigada*, que es una camada, un conjunto de animales nacidos en el mismo parto mientras se están criando juntos.

**Un niño chiquito se mecía
en su caballito de madera.
Ahora verás lo que le pasó.**

Caballo balancín

Gilda Rincón

Aúpa, aúpa,
caballo balancín,
rojo de la panza
y blanco de la crin,

ojos de canica
de color de trigo,
aúpa, aúpa
caballito amigo.

Juntos volaremos,
caballo mecedor,
por tierra y por aire,
con lluvia y con sol,

tú me llevarás
sin salir de aquí,
yo te llevaré
meciéndome así,

meciendo, meciendo,
nos vamos volando

me quedo dormido,
me voy resbalando,

me doy en el suelo
con todo y caballo,
cuando ya a la luna
íbamos llegando,

aúpa, aúpa,
a recomenzar
a ver si esta vez
podemos llegar.

*Lo que acabamos de leer se trata
de un caballito de madera. Pero…
¿qué más hace un caballo de verdad?*

De una vez te lo decimos, así como lo que hacen algunos otros animales.

¿Qué otras cosas hacen los animales?

Caballo

Galopa, trota, caracolea, respinga, bufa y resopla.

Perro

Muerde, remolca trineos,
guía ciegos, cuida la casa,
hace guardia, se muerde,
mordisquea, se rasca, orina
alzando la pata, caza, corre,
salta, juega, cobra la presa,
va por una pelota, sigue
rastros y encuentra *perdidos*.

Serpiente

Se arrastra, suena su cascabel, se enrosca, muerde.

Moscas y avispas

Pican.

Peces

Nadan, se besan.

Guajolote

Hace la ronda,
la rueda, se infla,
despliegan la cola.

Gallina

Empolla, anida, pica, picotea,
pone huevos, aletea, arma
barullo, escarba, come
granos, come gusanitos.

Cabras

Pacen, pastan.

Vacas

Rumian, pastorean, pacen, pastan.

León

Devora. La leona caza.

Gato

Araña, trepa a los árboles,
caza ratones, vagabundea,
se *unta*, se arquea y eriza,
ve de noche.

Colibrí

Con su gran pico se alimenta
de miel de las flores, la cual
le da una enorme energía.
Vuela muy velozmente. Forma
su minúsculo y hermoso nido.
Los colobríes casi siempre
andan en pareja.

Pájaros

Vuelan, revolotean, construyen
nidos, migran.

Ganso

Arma barullo,
aletea.

Pato

Los patos silvestres
vuelan en *V*.

Los patos

Eduardo Galeano

¿Por qué los patos vuelan en *V*? El primero que levanta el vuelo abre camino al segundo, que despeja el aire al tercero, y la energía del tercero alza al cuarto que ayuda al quinto, y el impulso del quinto empuja al sexto y así, prestándose fuerza en el vuelo compartido van los muchos patos subiendo y navegando juntos en el alto cielo.

Cuando se cansa el pato que hace punta, baja a la cola de la bandada y deja su lugar a otro pato. Todos se van turnando, atrás y adelante, y ninguno se cree superpato por volar adelante, ni subpato por marchar atrás.

Y cuando algún pato, exhausto, se queda en el camino, dos patos se salen del grupo y lo acompañan y esperan, hasta que se recupera o cae. Juan Díaz Bordenave no es *patólogo*, pero en su larga vida ha visto mucho vuelo. Él sigue creyendo, contra toda evidencia, que los patos unidos jamás serán vencidos.

89

Las que siguen son expresiones populares, una adivinanza y dos coplas, que son poemas chiquitos. ¡Qué inspiración natural tiene la gente que vive en diferentes lugares de México!

Adivinanza

Patio barrido,
patio mojado,
sale un viejito
muy esponjado.

El guajolote.

La chachalaca

Andaba la chachalaca
por las orillas del monte,
andaba de enamorada
con el pájaro cenzontle.

Pajarillo

Pajarillo, pajarillo,
pajarillo bandolero,
con ese cantar que tienes
te pareces al jilguero.

91

Antes de llegar a la lista de nombres de sonidos de animales, te queremos presentar un poema del escritor español Miguel de Unamuno, que nos habla precisamente de eso.

Miguel de Unamuno
(1864-1936)
Escritor y filósofo español. En su obra cultivó gran variedad de géneros literarios como novela, ensayo, teatro y poesía.

Maúlla el gato

Poema de Miguel de Unamuno

Maúlla el gato,
el perro ladra,
la abeja zumba,
croa la rana,
ulula el búho,
el pato parpa,
el mono chilla,
el cuervo grazna,
el león ruge,
el loro garla,
aúlla el lobo,
la oveja bala,
rebuzna el burro,
berrea la cabra,
la vaca muge,
el toro brama,
el pollo pía,
el gallo canta
      y el hombre escucha.

Algunos de los nombres de las voces de los animales se derivan de onomatopeyas. Por ejemplo, piar viene de pío, maullar, de ¡miau! y aullar, de ¡aúúú!

Los animales y las voces que emiten
(¿qué voz hace cada animal?)

uuuuuu

uuuuu

uuuu

uuu

u

Ballena
canta
Véase nota 2

Rana/sapo
croa

CROACROACROACROACROAC

CROACROACROACROACROAC

CROACROACROACROACROAC

Águila
chilla

iiiiiiiiiíÍÍÍÍÍÍiiiiii

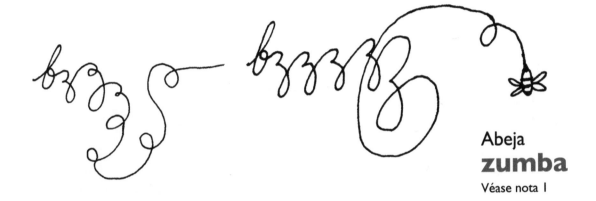

Abeja
zumba
Véase nota 1

beeeeeeee

beeeeeee

Becerro
berrea

Buey
muge
brama
bufa

F H H H H R R

piu
piu
piu

Canario
gorjea
trina

i i i i i li li li il

i i i i

Conejo, liebre
chillan

GORDOGORDOGORDO GORDOGORDOGORDO GORDOGORDOGORDOGOR DO GOR

Caballo/yegua
relinchan
bufan
(cuando están
enojados)

Gallina
cacarea
cloquea
o cloca
(de cloquear o
clocar, cuando
está clueca)

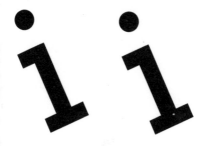

Cerdo, cochino,

marrano, puerco,

lechón, cochito
gruñen
guañen
(de guañir, el lechón,
el cochito)

Guajolote, pavo,

pípila, jolote, totol
gluglutea
vocea

MuMuMuMuu

Burro, asno,
pollino, borrico
**rebuzna
rozna**
(de roznar)

huuu
hiii

Búho, lechuza,
autillo, tecolote
**ulula
chuchea**

UH- UH- UH- UH -UH

Vaca
muge
remudia
(de remudiar, cuando llama
a su cría o ésta a su madre)

Ciervo
brama
rebrama

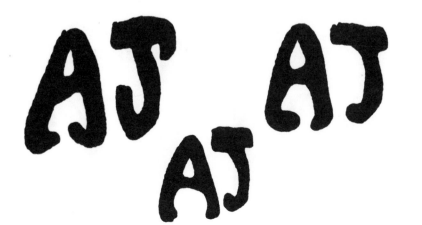

Perdiz
ajea
castañetea/
(el macho)
cuchichía
(de cuchichiar, cuando el macho
llama a la hembra)
Véase nota 12

99

Cisne
**canta
grazna**

piii

piii piii

Gato
**maúlla
ronronea**

MIAAAAAAAAAU

Paloma
**zurea
arrulla**

rRrRr

100

GUAUF

GUAUF

ck

ck

ck

ck

ck

Perro
**ladra
gruñe
aúlla**

Cigüeña
castañetea
(de castañetear)
Véase nota 8

ck

ck

tri uuu

tri uuuu

Cenzontle
**gorjea
trina**
Véase nota 4

ck

ck

ARF

¡fiu-fiu!

Mirlo
silba

arf

Chacal
ladra

ARF

Grillo
**grilla
estridula
chirría**
Véase nota 9

CRICRICRICRICRICRI CRICRI CRICRICRICRICRICRIC

MEeEeEeEeEe

Borrego, carnero, oveja
balan

Cabra/chivo
(cabra joven)
balan
berrean

Véase nota 3

MEeEeEeEeEe

Lobo
aúlla
ulula

vVvVvVvVvVvVv
rrrl rrrl rrrl

Colibrí
canta
zumba

Véase nota 7

Gamo
bala
ronca
gamita
BaaaaaAAAAAaa

BaaaaaAAAAAaaa

Cha ca lac

Chachalaca
grita
Véase nota 5

Avispa
zumba

Gallo
canta

QuiQuiriQuí

Cha ca lac

Ccsss Ccsss Ccsss Ccsss

Zopilote
sisea
Véase nota 14

Coyote
aúlla

auuuuuuuuu

León
ruge

ROOO o

**hola
hola
rrrrlu rrrrlu**

Loro, cotorro, perico
**habla
parlotea
garla**

Correcaminos
hace bip, bip

BIP   BIP

O O AR

Cuervo
grazna
crascita
(de crascitar)

rrrrAArrrAArrrAA

aAaAaAaAaAaAaAaAaAaAa
aAaAaAaAaAaAaAaAaAaAa

aAaAaAaAaAaAaAaAaAaAa
aAaAaAaAaAaAaAaAaAaAa

Delfín
silba
ronca
Véase nota 8

CRRRRRiAAAAATTTTT-T-TA-TAC-TA-TA
CRRRRRiAAAAATTTTT-T-TA-TAC

Tucán
gorjea

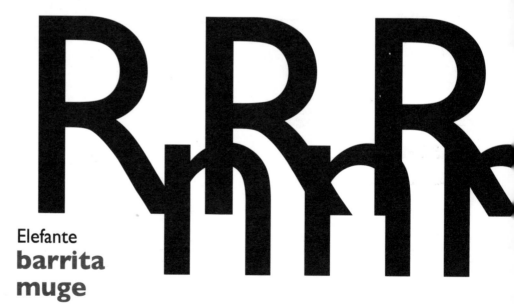

Elefante
barrita
muge

Tut TUUUT

Tut TUUUUT

Flamenco
trompetea

TAC

CURRUCUTUCÚ
CUCURRUCÚ

Golondrina
chirría
gorjea

Rrrr

Grrr Aaaa

Garza
grazna

Graaa Aaaa

Gaviota
grazna

Pia Pia Pia Pia Pia

Golondrina
chirria
gorjea

Zorro
gañe
(de gañir)
aúlla

reeeaaaak

reeeaaaak

Tvuuut
Tvuuut
Ganso
grazna
trompetea

Serpiente
silba

Gavilán
chilla

Pájaro
trina
canta
gorjea

piu piu piu

Gorila
gruñe

gGgrrRR
uUuu U u

Guacamaya
charla
parla
clamorea

ueEEEC

Gorrión
pía
gorjea

chap
chap
chirichiap

rr

ja
ja
ja
ja
ja
JA
JA
JA
ja
ja
JA

Hiena
ríe
aúlla

113

zzzzzzZZZzzzzzzZZZZZzzzzzZZZ

zzzzzzZZZzzzzzzZZZZZzzzzzZZZ

zzzzzzZZZzzzzzzZZZZZzzzzzZZZ

zzzzzzZZZzzzzzzZZZZZzzzzzZZZ

Insectos
(algunos)
zumban

zzzzzzZZZzzzzzzZZZZZzzzzzZZZ

zzzzzzZZZzzzzzzZZZZZzzzzzZZZ

zzzzzzZZZzzzzzzZZZZZzzzzzZZZ

Murciélago
chirría
(de chirriar)

Mono
chilla
grita

Jabalí
**arrúa
gruñe
rebudia
ronca**

(Jirafa
no emite sonido
Véase nota 10)

Mula
rebuzna

A–A

Huuu
Hiii

GGRR
Oso **gruñe**
AARRF

RRR

OW
OWOW

Foca **vocaliza**

116

Pavo real
grita

Aaa Aaa Aaa

Oca
grazna
gazna
parpa

Pato
grazna
parpa
tita
(de titar)

117

quek

Pelícano
sisea
gruñe
Véase nota II

mmmmm

quek

¿¿¿¿¿

pío

pío

Pollo
pía

ruuuuu ruuuu ruuuu

Pichón
pipía
arrulla

pío

pío

118

TuuuUt

Pingüino
**grazna
trompetea**
Véase nota 13

TuuuUt

TuuuUt

TuuuUt

Rata
chilla

Ratón
**chilla
musita**

grrrrrrr

Puercoespín
gruñe

119

Rinoceronte
barrita

MMMMMMM
rrrrrrrrrrr

RAAaa

RAAaa

RAAaa

RAAaa

RAAaa

RAAaa

RAAaa

Urraca
chirría

RROOOOA

Tigre
ruge

fiu fiu fiu
trrr trrr

Ruiseñor
canta
trina

Toro
**brama
muge
bufa**

AAARRRR

Tórtola
**gime
arrulla**

*rlu
rluuuu
rluu
rluuuu
rluuuu
rluuu
rluuuu*

Notas a las páginas anteriores

1 Abeja

El zumbido de la abeja no es propiamente su voz, sino el ruido que producen sus alas al ser batidas muy rápidamente.

2 Ballena

Lo que se conoce como *canto* de la ballena son los sonidos que el oído humano puede percibir de entre el cúmulo de ellos, pues muchos otros, por su muy alta o muy baja frecuencia, son inaudibles para el ser humano.

Los cetáceos usan la ecolocación, que consiste en la emisión de sonidos de altísima frecuencia que rebotan en los objetos y al volver, en forma de eco, le proporcionan la idea de lo que hay a su alrededor. Esto les sirve para localizar a sus presas o para no chocar con algo.

3 Cabra

A la cabra joven pero que ya no mama se le llama *chivo* o *chiva* y *chivato*.

4 Cenzontle

La palabra *cenzontle* viene del náhuatl *centzontototl*, formado de *centzontli* (cuatrocientos) y *tototl* (pájaro, ave), ave de cuatrocientas voces. El cenzontle puede emitir infinidad de cantos.

El emperador Nezahualcóyotl, conocido como *tlatoani* de Texcoco, creó el siguiente poema donde, entre otras cosas, habla sobre la belleza del cenzontle, en lengua náhuatl:

Nehuatl nictlazotla in centzontototl icuicauh,
nehuatl nictlazotla in chalchihuitl Itlapaliz
ihuan in ahuiacmeh xochimeh;
zan oc cenca noicniuhtzin in tlacatl,
Nehuatl nictlazotla.

Amo el canto del cenzontle,
pájaro de cuatrocientas voces;
amo el color del jade
y el enervante perfume de las flores;
pero amo más a mi hermano el hombre.

Este poema aparece en los billetes mexicanos de 100 pesos.

5 Chachalaca

El nombre de esta ave es onomatopéyico,
pues reproduce el sonido que el ave emite,
el cual se escucha como un rítmico *chac a
lac, chac a lac*. En época de apareamiento,
el macho emite sonidos más graves que de
costumbre.

6 Cigüeña

El castañeteo de la cigüeña
no es propiamente su voz
sino un ruido que hace con
el pico.

7 Colibrí

El sonido que produce el colibrí no es propiamente su voz: lo hace con las plumas de su cola. Ciertos géneros de colibríes se elevan entre cinco y 40 metros para luego dejarse caer *en picada* frente a las hembras y también realizan algunas piruetas. Se cree que el aire que fluye a altas velocidades por entre las plumas de sus colas las hace vibrar y así producir un sonido característico.

En Cuba, al colibrí le llaman *zunzún*.

8 Delfín

Los delfines emiten sonidos infinitamente variados. Aunque éste es un tema polémico, algunos investigadores afirman que los delfines tienen un lenguaje para comunicarse entre ellos, el cual han intentado descifrar.

Al igual que las ballenas y otros cetáceos dentados, usan la ecolocación o ecolocalización, que es la capacidad que tienen algunos animales de conocer su entorno por medio de la emisión de sonidos y la interpretación del eco que los objetos a su alrededor producen debido a ellos.[1]

Ocurre a veces que por desgracia algunos delfines pierden la vida al quedar varados en alguna playa. ¿Por qué ocurre esto? La teoría más aceptada en la actualidad es que algo altera su ecolocación y consecuentemente confunden la ubicación de la playa en relación con el mar abierto. Es muy probable que el uso en la navegación de radares y sonares cada vez más potentes, y que funcionan también por el principio de la ecolocación, sea lo que altere la capacidad auditiva de los cetáceos.

Otra explicación que se ha dado es que los delfines se suicidan. Esto ha ocurrido incluso con aquéllos que están en cautiverio y se dice que es porque la falta de libertad les produce estrés y depresión.

[1] Es sabido que los murciélagos poseen también esa capacidad.

9 Grillo

La estridulación del grillo, la chicharra y otros insectos no es propiamente una voz, sino sonidos que producen friccionando ciertas partes de su cuerpo.

10 Jirafa

No emite sonidos porque carece de cuerdas vocales.

11 Pelícano

Los pelícanos adultos son casi mudos; sólo emiten un siseo o un gruñido cuando se les molesta. En cambio, cuando pequeños son muy chillones. Inclusive antes de salir del huevo hacen ruidos anunciando su salida.

12 Perdiz

El castañeteo de la perdiz, que es sólo del macho, no es propiamente su voz, sino un ruido que hace con el pico.

13 Pingüino

Los padres pingüinos reconocen a su hijo entre cientos de pingüinitos gracias a su graznido.

14 Zopilote

Al faltarle la siringe (órgano vocal de las aves), los únicos sonidos que puede producir son gruñidos o siseos de baja frecuencia.

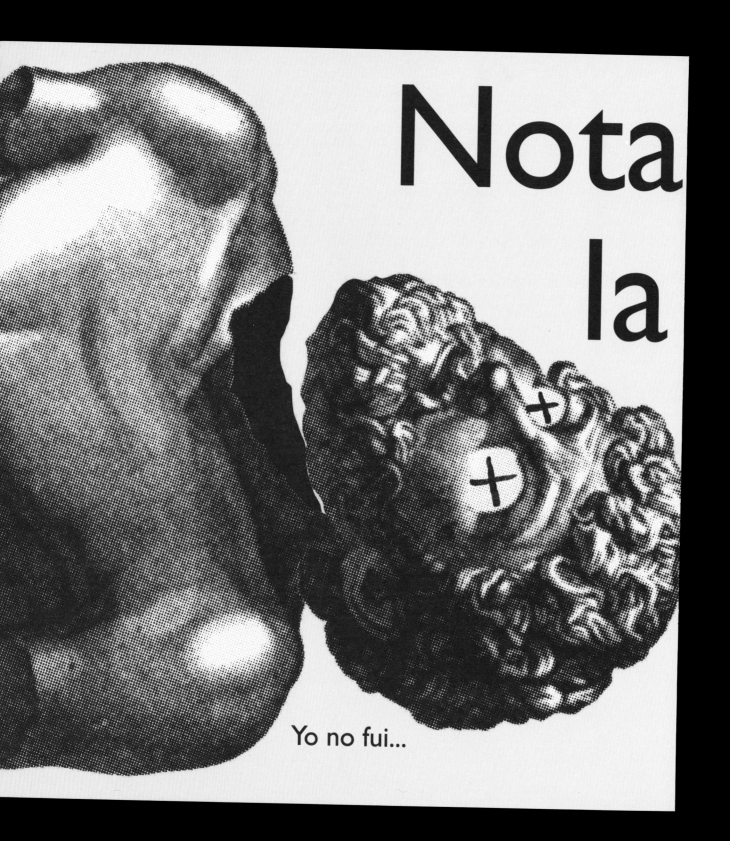

acerca de muerte de Esopo

Por su reconocido talento para el relato y la fábula, Creso, último rey de Lidia, lo llamó a colaborar en su corte. Más tarde lo envió a Delfos a ofrecer sacrificios en su nombre después de consultar el oráculo, y a distribuir recompensas entre los habitantes de aquella ciudad. Esopo, indignado y molesto, al percatarse de los fraudes y la codicia de los habitantes de aquel pueblo de sacerdotes los recriminó, se limitó a ofrecer a los dioses los sacrificios mandados por Creso, y devolvió a éste las riquezas que habían sido destinadas a los moradores de Delfos. Éstos, como venganza, escondieron entre el equipaje del fabulista una copa de oro consagrada a Apolo, lo acusaron de robo y de sacrilegio, y lo arrojaron desde lo alto de la roca Hiampa.

ANIMALERO

terminó de imprimirse en 2016 en los
talleres de Imprimex, Antiguo Camino,
a Culhuacán 87, colonia Santa Isabel Industrial,
delegación Iztapalapa, 09820, Ciudad de México,
www.grupoimprimex.com | Para su composición
tipográfica se usaron tipos Gill Sans.